ESTAR PERTO DE PERCEBER ALGUMA COISA

André Oviedo

ESTAR PERTO DE PERCEBER ALGUMA COISA

Copyright © 2021 André Oviedo

Estar perto de perceber alguma coisa © Editora Reformatório

Editor:

Marcelo Nocelli

Rennan Martens

Revisão:

Natália Souza

Imagem de capa:

Turquoise Abstract Landscape, Alan Scales, 2019, Unplash.

Design e editoração eletrônica:

Karina Tenório

Dados Internacionais de Catalogação na Publicação (CIP)

Bibliotecária Juliana Farias Motta CRB7/5880

Oviedo, André.
    Estar perto de perceber alguma coisa / André Oviedo. – São Paulo:
Reformatório, 2021.
    116 p.: il.; 14x21 cm.

    ISBN: 978-65-88091-33-3

    1. Poesia brasileira. I. Título.

O969e   CDD B869.1

Índice para catálogo sistemático:

1. Poesia brasileira

Todos os direitos desta edição reservados à:

Editora Reformatório

www.reformatorio.com.br

Para Estela

Sumário

I. INVESTIGAÇÕES, *11*

LONGE, *13*

AGRIMENSURA, *15*

TRADUÇÃO, *17*

CORRESPONDÊNCIA, *19*

PERDER, REPETIR, *21*

NATUREZA MORTA, *23*

AINDA NÃO É HORA DA NOITE, *25*

MOBILIÁRIO, *27*

CHÃO, *29*

A GÉRBERA, *31*

ANTICLIVAGEM, *33*

BIG BAD, *35*

RECÉM-PINTADO, *37*

O USO DAS MÃOS, *39*

HÁ AQUELES QUE PRESTES A CHORAR, *41*

ESTETOSCÓPIOS E DINAMITE, *43*

AS COISAS E NÓS, *45*

RAREFAZER, *47*

O NOME DAS COISAS, *49*

MAIS QUATRO PEDRAS, *51*

PALAVRAS-CRUZADAS, *53*

EPPUR SI MUOVE, *55*

CAIXA-PRETA, *57*

II. REFLEXOS, *59*

FRONTEIRAS, *61*

ESCADA, *63*

BORGES E EU E VOCÊ, *65*

E ENTÃO, *67*

COMO SE PORTÁSSEMOS MEDALHAS, *69*

OS BRINCOS, *71*

EU NÃO SEI DANÇAR SOZINHO, *73*

ÉCFRASE SOBRE UMA FOTOGRAFIA ANTIGA, *75*

GUARDAR, *77*

III. FANTASMAS, *79*

IMAGEM, *81*

BASTIANI, *83*

CALIGRAFIA, *85*

UM AMIGO VAI A LONDRES, *87*

AB, *91*

PISTAS, *93*

MOVEDIÇO, *95*

POEMA PARA ESCAPAR, *97*

QUEM VAI EMBORA, *99*

ESTÔMAGO, *101*

DEVIR, *103*

AS ACÁCIAS E O SILÊNCIO, *105*

ARQUITETURA SENTIMENTAL, *107*

QUANDO UM POETA MORRE, *109*

FANTASMAS, *111*

O RETORNO, *113*

I. Investigações

*Alguma coisa acontece em uma região
de mim da qual estou ausente.*

Paul Valéry

LONGE

vem de muito longe
esse agora
isso de estar aqui
não é de hoje

AGRIMENSURA

me surpreendo
quando em mim acontece algo
justamente num ponto
onde eu não estava olhando
uma área até então desconhecida
ou muito pouco habitada
como se o que acontece
quisesse acontecer em paz
e quisesse me surpreender
então me surpreendo
e durante um breve momento
olhamos com certa expressão
de dever cumprido

TRADUÇÃO

não sou eu
quem diz o que digo
é outro
a todo o momento
a palavra está em perigo
por isso a busca em descobrir
desde onde se fala
para lançar alguma luz
e ver como me trai
esse outro que me traduz

CORRESPONDÊNCIA

I

Joan Brossa
deixava as cartas urgentes
para amanhã
pois seriam mais urgentes ainda
o que ele esqueceu
é que as cartas mais urgentes
são as que nunca chegaram

II

feito os peixes
que não sabiam o que era água
citados por David Foster Wallace
as cartas também desconhecem
a existência das portas
e deslizam por baixo
como seres marinhos achatados
muito cientes de si

III

cartas escritas
nunca entregues
como a de Kafka a seu pai
metamorfoseiam
remetente em destinatário

PERDER, REPETIR

a casa já é quase outra
distinta da que conhecíamos
talvez não mais
do que a palavra casa
que repetimos e repetimos
no desespero de reavê-la
até que a língua tropeça
e a palavra há muito conhecida
torna-se outra também
então balbuciamos algo diverso
anterior à palavra casa
ou a qualquer palavra
e nos percebemos
habitantes do desamparo
da fronteira da língua
onde tudo o que sabemos
é chorar e gemer
pela familiaridade perdida

NATUREZA MORTA

os figos
de Benjamin
o pão
de Ponge
as flores das acácias
de Parra
a pedra
de Szymborska
as ameixas
de Leminski
(ou de William Carlos Williams)
uma moeda
de Borges
as bananas podres
de Gullar
a colher
de Helder
a rosa pulverizada
de Pizarnik
tudo isso sobre a mesa de Drummond

AINDA NÃO É HORA DA NOITE

Para Ricardo Domeneck

uma estrela é uma explosão longe
um espetáculo demorado
fascinante sem dúvida
mas ainda não é hora da noite
no momento certo
saberemos nos guiar
pela carta de navegação póstuma
estampada nos céus pela química dos gases
mas ainda não é hora da noite
enquanto isso o asfalto brilha
depois de uma tarde de chuva
como se o sol estivesse também ali embaixo
não por misticismo
mas porque ainda não é hora da noite

MOBILIÁRIO

um pouco da cômoda
fica na parede
ao desencostá-la dali

alguma mancha
um risco de verniz

faz parte do que se move
deixar algo de si
por onde passa

aos poucos se rarefazer
até sumir finalmente
a possibilidade
de que algo se refaça

CHÃO

as coisas caem
mais facilmente
do que voam
como se despencar
fosse um acidente prescrito
voltar ao ponto de origem
à estaca zero
ao início
o tombo de todas as coisas:
seu indiscutível ofício

A GÉRBERA

morre a gérbera
na garrafa com água
em cima da mesa
curva-se
sobre si mesma
como se se cumprimentasse
e então naufraga devagar
feito uma pequena âncora vermelha
buscando o fundo

ANTICLIVAGEM

eu me persigo
como se não soubesse
para onde vou
como se a qualquer momento
eu corresse o risco
de ser surpreendido por mim
a caminho de algum lugar
que desconheço
então sempre me persigo
na curta distância
de modo que o espaço
entre mim e eu
seja tão mínimo
que visto de longe
pensem que sou um só

BIG BAD

essa ansiedade
de milhões de anos em um dia
comprimindo o futuro
qual um Big Bang às avessas
martelando insistentemente
pregando-nos mais e mais
a esse irremediável
agora

RECÉM-PINTADO

é difícil precisar
quando algo começou
o momento exato
um possível clique
em que teve início
aquilo que se iniciou
certas vezes lembra-se
do fato em si
em outras
apenas das circunstâncias
raramente ambos combinam-se
e quando isso ocorre
a lembrança permanece fresca
por um brevíssimo momento
feito uma parede recém-pintada
na qual tocamos
receosos de sujar as mãos
mas curiosos ao mesmo tempo

O USO DAS MÃOS

tenho tentado transformar
vinagre em vinho
conter a explosão
depois da explosão
descobrir outro uso
para as mãos
além de segurar
algo pesado demais
ou mantê-las no alto
como quem diz
ainda estou aqui

HÁ AQUELES QUE PRESTES A CHORAR

há aqueles
que prestes a chorar
parecem estar sorrindo
e por um segundo
mostram que felicidade e tristeza
não andam como dois trens
em sentidos opostos
mas como dois desconhecidos
numa rua de mão única
que em determinado ponto
roçam os ombros
e se olham brevemente

ESTETOSCÓPIOS E DINAMITE

nos dias em que a vida amarga
procuro lembrar da delicadeza
de certos ladrões que abrem cofres
usando estetoscópios
em vez de dinamite

AS COISAS E NÓS

dar às coisas
o tamanho das coisas
ou melhor
não dar nada a elas
nem tirar
aprender com as coisas
o seu próprio tamanho

RAREFAZER

o que ainda não foi feito
já está pronto
e por isso mesmo
parece bom
até o momento
em que se decide fazê-lo
– na verdade rarefazê-lo
torná-lo amiúde menor
irreparavelmente nosso

O NOME DAS COISAS

não se pode exigir
do poema recém-escrito
que se chame poema
antes é preciso lambê-lo
como fazem as mães
com seus filhotes
deixá-lo respirar
esperar que abra os olhos
e veja a luz pela primeira vez
observar suas patas tremelicarem
enquanto tenta sustentar-se
com alguma dificuldade
então quando estiver de pé
nomeá-lo poema
e ser por ele nomeado
nascer um pouco mais

MAIS QUATRO PEDRAS

para Ana Martins Marques

1
o poema é
antes de tudo
uma pedreira
e depois de tudo
também

2
do poema
retira-se dois tipos
de pedra:
das que se atira
das que se guarda

3
atiram pedras
os que não pecaram
os que pecaram

guardam-nas
e por isso as têm
em maior quantidade

4
as pedras
não estão
no caminho
elas o são

PALAVRAS-CRUZADAS

na vida
como nas palavras-cruzadas
as respostas se apresentam
invertidas e miúdas
bem próximas das perguntas
talvez por isso muitas vezes
passem despercebidas

EPPUR SI MUOVE

certas rochas
de massas e dimensões diversas
há décadas intrigam cientistas
por moverem-se quilômetros
sem razão aparente
num deserto da Califórnia
mas quem disse que essas rochas
não têm mesmo motivos
para peregrinar pelas areias
deixando atrás de si
um caminho
um rastro
uma pista
permitindo que sejam seguidas
torcendo talvez
para serem encontradas
ali um pouco mais adiante
como exemplares sólidos
daquilo que escapa aos cálculos
as compreensões mais imobilizadoras
e simplesmente se move?

CAIXA-PRETA

em algum lugar depois do fim
flutuando entre os destroços
encontraremos a caixa-preta
e poderemos restituir o passado
palavra por palavra
como chaves perdidas no tempo
a reabrirem as portas
que nos trouxeram até aqui

II. Reflexos

Siempre fuiste mi espejo,
quiero decir que para verme tenía que mirarte

Julio Cortázar, em *Bolero*

FRONTEIRAS

foi na varanda de casa
que descobrimos
o significado real das fronteiras
passamos muito tempo
discutindo se aquilo era estar
dentro ou fora
não chegamos à conclusão nenhuma
mas constatamos
numa cartografia inventada
como era bom eu e você
sermos países vizinhos

ESCADA

a primeira letra do seu nome
é a segunda do meu
e a terceira coincide entre ambos
era ali que nos encontrávamos
como no terceiro degrau
de uma pequena escada
daquelas usadas para trocar uma lâmpada
aguar as plantas penduradas no teto
ou guardar as compras nos armários mais altos
e então descobrir com alguma surpresa
aquela geleia deliciosa
que não sabíamos onde tinha ido parar

BORGES E EU E VOCÊ

você registra seu reflexo
em certas vitrines
pela cidade
enquanto eu leio
sobre espelhos em Borges
e irrefletidamente
procuro meu rosto
nas tuas fotografias

E ENTÃO

bem no meio do poema
você sente o poema
e lê de novo de outra forma
aquele trecho decisivo
em que tudo se acendeu

COMO SE PORTÁSSEMOS MEDALHAS

Para Naiade

nossa postura se parece
o pescoço projetado à frente
com a elegância
que descreveu Leminski
andamos mais adiante
não como dois atrasados
mas como os velocistas
que se esticam um pouco mais
ao cruzar a linha de chegada
e embora a inclinação do corpo
se pareça muito
com o início de uma queda
é a representação definitiva
de quem decidiu continuar

OS BRINCOS

você esquece seus brincos
na mesa de cabeceira
ao lado da minha cama
meus olhos e minhas mãos
passam a ser
não mais do que caixinhas
para guardá-los

EU NÃO SEI DANÇAR SOZINHO

entrar no banheiro
descobrir o tapete
me convidando a seguir
a marca dos teus pés
como um pequeno diagrama
de passos de dança

ÉCFRASE SOBRE UMA FOTOGRAFIA ANTIGA

seu braço
me atravessando sob a axila
para nos fotografar
no espelho atrás de mim
parece me sustentar
com a firmeza
imóvel e milenar
de certas esculturas
afinal de contas
não somos exatamente isso
duas esculturas
no espelho
na fotografia
no tempo?

GUARDAR

Para Júlia

você me mandou
uma carta
que por algum motivo
extraviou-se antes
de chegar até mim
certo dia
finalmente me disse
o que a carta dizia
desde então
sempre que retorno
a essa memória
guardo-a logo depois
com muito cuidado
num envelope imaginário
com o seu nome

III. Fantasmas

What can I hold you with?

Jorge Luis Borges, em *Two english poems*

IMAGEM

tem você
e o que eu criei de você
vocês se encontram em mim
e eu não encontro ninguém

BASTIANI

construir um forte
para olhar o nada
para esperar o nada
para ouvir o nada
para se impor e se render
ao nada
para se enganar quanto a ele
e também para tentar enganá-lo
um forte para fazer do nada
a última esperança de que haja
algo além dele e de nós
à nossa espera

CALIGRAFIA

você escreve a palavra
atlântico
eu escrevo a palavra
atlântico
sobre a que você escreveu
como num caderno
de caligrafia
logo se vê que não se trata
da mesma palavra
do mesmo oceano
do mesmo banho
quase nada coincide
porque tudo se move

UM AMIGO VAI A LONDRES

I
um amigo vai a Londres
e poderia ir a qualquer outro lugar do mundo
mas é com Londres que ele sempre sonhou
se veste feito um Londrino:
camisa abotoada até o pescoço
um par de Martens nos pés
escuta Beatles e Liam Gallagher
estuda inglês britânico pelo celular
enfim esse amigo vai a Londres
conhecer o Tate Modern a National Gallery
provar o legítimo fish and chips
beber cerveja londrina em canecas gigantes
como imaginamos que faz um bom londrino
como deve fazer um brasileiro que vai a Londres

II
meu amigo não sonha
em talvez cruzar com você na rua
indo para o trabalho ou saindo para o almoço
ou mesmo enquanto aguarda o trem

para ir visitar sua prima ou um amigo
que mora nos arredores da cidade
meu amigo não sonha em ouvir seu inglês
que ainda traz o sotaque
do centro-oeste do Brasil
falando com seus colegas
sobre como é incrível trabalhar com arte
em uma cidade que respira arte
meu amigo não sonha em ouvir o som
que você faz quando respira
porque quem sonha isso sou eu

III

eu não vou a Londres
porque Londres não me interessa
assim como não me interessam
seus dias nublados as chuvas constantes
os tons de cinza
eu não vou a Londres
porque não me agradam
as estampas xadrez
porque sou vegetariano
e não ouço Beatles
de Londres só me interessa
o que não é de Londres
ou melhor: de Londres me interessa você
mas a você interessam o Tate Modern
a National Gallery os arredores da cidade

os mercados com tipos variados de queijo
e principalmente o esforço diário
de estar em Londres e não no Brasil

IV
do Brasil interessam a você
apenas as coisas
das quais cheguei atrasado
com uma pontualidade britânica
por tudo isso
é que quem vai a Londres é um amigo

AB

certa vez você me mandou uma foto
de uma rolha de champanhe
cuja marca eram as iniciais
dos nossos nomes
foi um dia muito feliz
aliás eram muito felizes os dias
em que você se lembrava de mim
era como encontrar meu pedaço exilado
que antes de você eu não sabia
onde tinha ido parar
depois que deixamos de falar
talvez você tenha tomado a champanhe
de novo e se lembrado de mim
talvez tenha tomado e não se lembrado
ou talvez não tenha tomado
e nem se lembrado de mim
apesar de tudo
me conforta um pouco o fato
de que em todas as rolhas produzidas
obrigatoriamente
alguém grava nossas iniciais ali

e quem as estoura
sem saber
brinda por nós

PISTAS

redescobrir
através das suas mãos
o que de mim
ainda é meu

MOVEDIÇO

penso no que já não está aqui
muito mais do que quando estava
como se a ausência
pregasse no tempo a coisa perdida
e tornasse possível observar
tudo se apurando
à medida em que se afasta
numa espécie de quadro movediço

POEMA PARA ESCAPAR

do poema escapam muitas coisas
principalmente as que não se capturam
com os anzóis da língua
com as redes forjadas pela memória
com a pressa das mãos
com a afoiteza dos olhos
escapam as coisas que acontecem
enquanto se escreve o poema
as coisas que não acontecem
enquanto se escreve o poema
escapam do poema todas as coisas
que não estão no poema
e as que estão
quase escapam também
até que alguém as leia
mas não um alguém qualquer
apenas aquele a quem escrevo
aquele que me escapou e me escapa
aquele que escapa ao poema
por isso escrevo

para tentar capturar a mim mesmo
e ao menos neste poema
escapar de você

QUEM VAI EMBORA

quem vai embora
se parece muito pouco consigo mesmo
enquanto estava aqui
os olhos aparentam estar mais fechados
como se ventasse muito
as mãos descobrem uma vocação
infalível para o aceno
o jeito de andar revela
um passo rápido antes desconhecido
aos poucos as semelhanças
vão se abreviando
feito um grande nome
que mais precisa caber num documento
do que nomear o sujeito
no final fica talvez
apenas um ingresso de show
esquecido num bolso
ou o trem
que não alcançamos aquele dia

ESTÔMAGO

mesmo sabendo
que o gato atropelado
na esquina de casa morreu
a gente vai lá e cutuca
pega um graveto ou
sutilmente usa o pé
pra atestar o óbito
o óbvio: morreu
tem estômago
espalhado pela rua
o lance é que a gente
não digere bem
essa história de fim
veja só eu aqui
cutucando você
com este poema

DEVIR

nos conhecemos cedo demais
eu ainda não era eu
você não era você
estávamos a caminho
e agora que chegamos
fomos embora

AS ACÁCIAS E O SILÊNCIO

em um certo poema
Parra caminha por uma rua
cheia de acácias em flor
quando descobre que certa moça
havia se casado com outro
Carlito Azevedo traduz a notícia
como *um tiro à queima-roupa*
já Piquet e Joana Barossi
como *um banho de água fria*
as duas servem muito bem
para esta tarde de fevereiro
em que depois de anos longe
você voltou e não disse nada
não deu notícia alguma
me deixando com essa tarefa inútil
de tentar encontrar a metáfora ideal
para o silêncio

ARQUITETURA SENTIMENTAL

na volta do trabalho
passo em frente
ao seu prédio e penso
aquele é seu prédio
e não
aquele é o prédio
em que você mora
chamo-o de seu
da mesma maneira
que chamo de suas
a avenida e a rua
como se você estivesse
debruçada sobre tudo
e eu caminhasse
por entre os jardins
do teu nome

QUANDO UM POETA MORRE

para Victor Heringer

quando um poeta morre alguma coisa acontece
em algum lugar do mundo um relógio enguiça
uma carta já escrita deixa de ser enviada
a lâmpada de uma pequena casa queima
algum parafuso enferruja
na máquina de uma grande indústria
uma loja de flores encerra as atividades
alguém ouve uma voz familiar chamando
mas quando se vira não há ninguém

FANTASMAS

sou eu o fantasma
ao qual você escreve
mas antes de tudo
é preciso não confundir
vagar com estar vago
translucidez com dissimulação
um poema lançado a mim
me atravessa tanto quanto
um punhado de ameixas
e ultimamente
elas têm me emocionado mais
tentar encontrar metáforas
que me definam agora
é esquecer que a única possibilidade
de me ver
é ver através de mim
e ao fazer isso
você já não me vê mais

O RETORNO

sempre há no passado
algo que ficou oculto
escondido entre os arbustos
uma criatura quase imóvel
que respira
e pacientemente espera
o momento exato de saltar

*Agradeço ao amigo Marcelo Montenegro
pelo empréstimo do verso que dá nome
a este livro, encontrado em seu poema* "Auréolas
em latas de biscoito", do Garagem Lírica (2012).

Este livro foi composto em Minion Pro
e impresso em papel pólen bold 90 g/m²,
em setembro de 2021.